Medien werden genutzt, um sich zu informieren, miteinander Kontakt zu haben, zum Lernen, zur Unterhaltung und zum Spielen.

■ Finde im Bild alle Medien. Kreise sie ein.

■ Welche Medien nutzt du? Male oder schreibe.

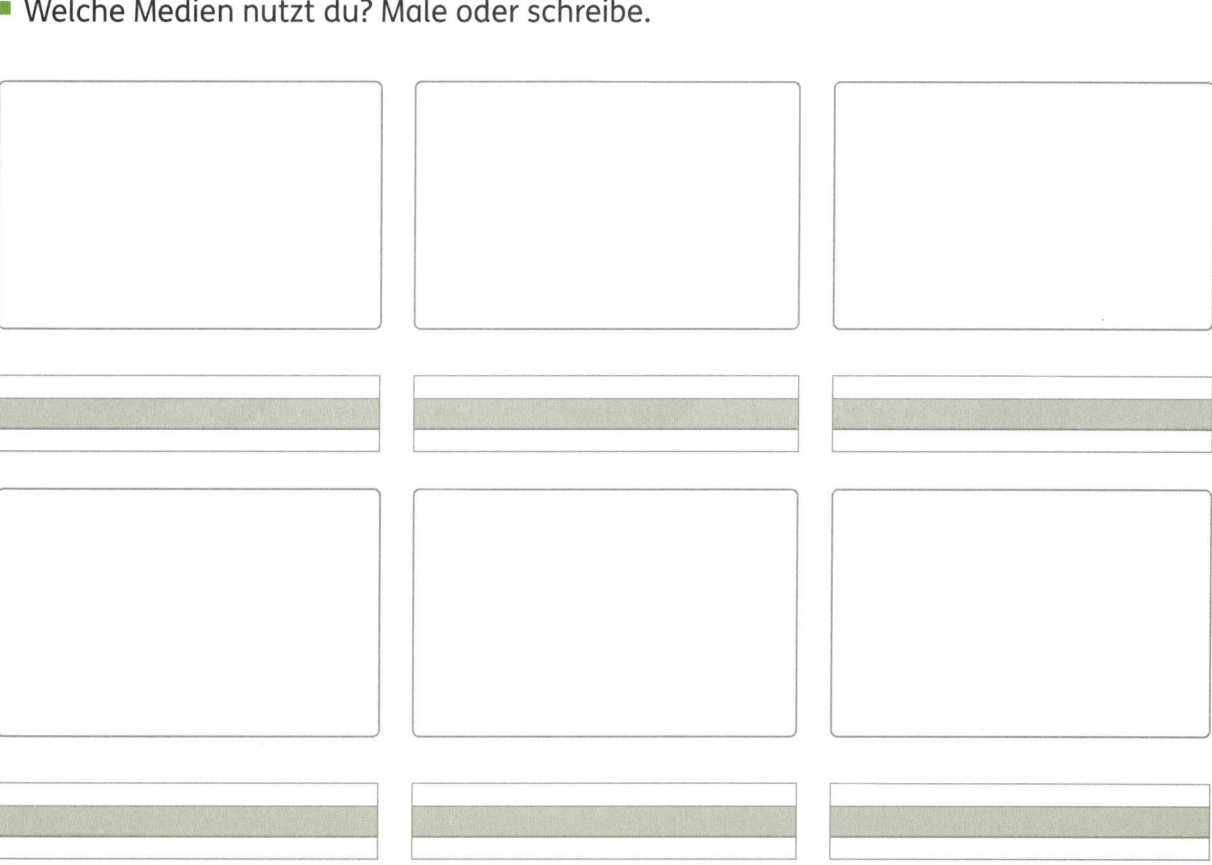

■ Wie heißen diese Medien? Ordne zu:
Fernseher, Laptop, Smartphone, Tablet, Kamera, Radio.

Mit meinem Smartphone (sprich: Smartfon) kann ich viel mehr als nur telefonieren.

■ Was kann man mit diesen Medien machen? Kreuze an.

Nachrichten hören oder lesen						
Geschichten lesen						
Filme schauen						
Musik hören						
telefonieren						
spielen						
fotografieren						
Informationen suchen						
Texte schreiben						

5

■ Führe eine Woche lang dein Medientagebuch. Immer wenn du eins
  dieser Medien genutzt hast, machst du einen Strich.

Medium		Mo	Di	Mi	Do	Fr	Sa	So
Computer/ Laptop								
Smartphone/ Tablet								
Spielekonsole								
Fernseher								
Buch/ Zeitschrift								

■ Welches Medium hast du am längsten genutzt? Wozu?

Tag	am längsten genutztes Medium	Was hast du damit gemacht?
Mo		
Di		
Mi		
Do		
Fr		
Sa		
So		

Medientagebuch

Zu einem Computerarbeitsplatz gehören mehrere Geräte.

■ Ordne zu: **Bildschirm, Maus, Tastatur, Rechner.**

Damit kannst du den Computer am Gerät anschalten und mit der Maus auf dem Bildschirm ausschalten.

Bei der Arbeit am Computer kannst du auch diese Gegenstände nutzen.

- Wie heißen sie? Verbinde.

Kamera (WebCam)

CD/DVD

USB-Stick

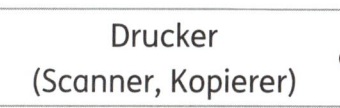
Drucker
(Scanner, Kopierer)

Headset (sprich: Hetset)
(Kopfhörer/Mikrofon)

Lautsprecher

9

Auf einem Computer gibt es verschiedene Programme. Du kannst mit ihnen zum Beispiel malen, schreiben oder spielen.

■ Verbinde den Namen des Programms mit dem passenden Symbol.

Schachspiel

Malprogramm

Schreibprogramm

Programmieren

Lernspiel

Auf einem Tablet oder einem Smartphone heißen die Programme Apps.

■ Was kannst du mit diesen Apps machen? Verbinde.

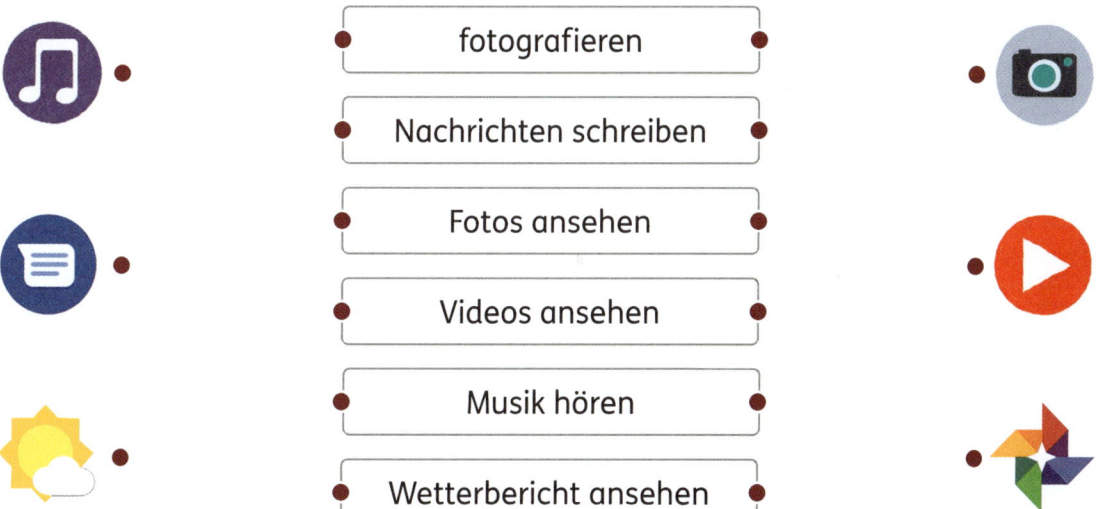

fotografieren

Nachrichten schreiben

Fotos ansehen

Videos ansehen

Musik hören

Wetterbericht ansehen

■ Kennst du eine App? Wie heißt sie und was kannst du damit machen?

Programme/Apps

11

Mit der Maus erteilst du dem Computer über den Bildschirm Befehle.

■ Die Maus des Computers besteht aus drei Teilen. Verbinde.

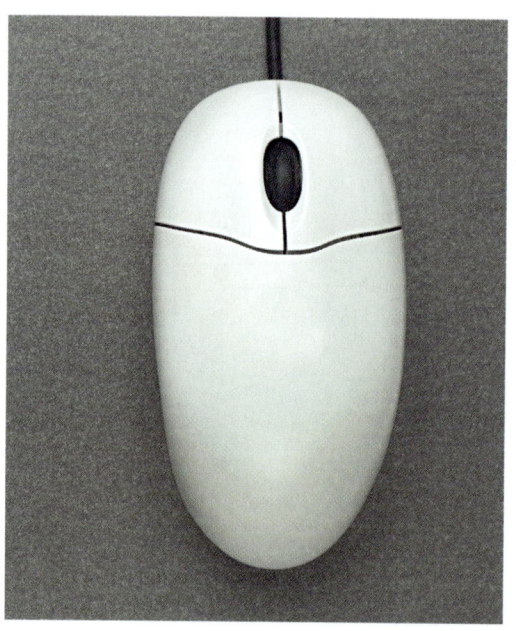

● linke Maustaste

● rechte Maustaste

● Rädchen

Benutze eine glatte Unterlage für die Maus. Sie heißt Pad (sprich: Ped).

■ Welche Maus ist auf dem Weg zur Tastatur?

Mit der Tastatur erteilst du dem Computer ebenfalls Befehle und kannst Texte schreiben.

- ■ Suche auf der Tastatur und kreise ein.

Z Ä S 6 1 M ? . @

Diese Tasten helfen dir beim Schreiben:

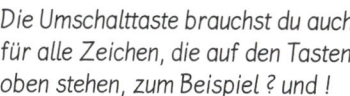

Die Umschalttaste brauchst du auch für alle Zeichen, die auf den Tasten oben stehen, zum Beispiel ? und !

große Buchstaben
Umschalttaste gedrückt halten
und den Buchstaben antippen

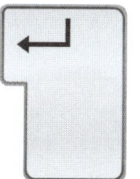

neue Schreibzeile
Eingabetaste drücken

Leerzeichen zwischen die Wörter
Leertaste drücken

■ Suche diese Tasten auf der Tastatur auf Seite 14. Male in der richtigen Farbe an:
Umschalttaste (große Buchstaben) – grün
Eingabetaste (neue Schreibzeile) – blau
Leertaste (Leerzeichen zwischen die Wörter setzen) – rot

 ■ Suche die Zeichen auf deiner Tastatur und probiere aus.

In Schreibprogrammen kannst du Texte gestalten.
Man sagt auch formatieren. Dazu gibt es verschiedene
Werkzeuge.

- Verbinde die Texte mit dem passenden Werkzeug.

> *Werkzeug sagt man auch zu einer Schaltfläche in einem Computerprogramm.*

| U unterstreicht die markierten Zeichen. | Arial ist eine Schriftart. | 14 ist eine Schriftgröße. |

| A ▾ verändert die Schriftfarbe. | F setzt die markierten Zeichen **fett**. | K – setzt die markierten Zeichen schräg (*kursiv*). |

■ Das Wort [Anoki] hat sich verändert. Welches Werkzeug wurde jeweils genutzt? Verbinde.

Schriftart ●	● Anoki
Schriftgröße ●	● **Anoki**
fett geschrieben ●	● <u>Anoki</u>
kursiv geschrieben ●	● *Anoki*
unterstrichen ●	● Anoki
Schriftfarbe ●	● **Anoki**

✍ ■ Schreibe deinen Namen am Computer.
Nutze unterschiedliche Werkzeuge.
Klebe das Ergebnis hier ein.

Schreibprogramm

Du kannst zu einem Text auch Bilder hinzufügen.

- Ordne den Schritten die Bilder richtig zu.
  Nummeriere.

1. Klicke in der Menüleiste bei
   Einfügen auf *Onlinebilder*.

2. Es öffnet sich das Feld *Bildersuche*.
   Du schreibst in die Suchleiste, wonach
   du suchst.

3. Du wählst ein Bild aus und klickst es mit
   Doppelklick an. Das Bild wird übernommen.

4. Mit der Maus kann man das Bild auf der
   Seite verschieben.

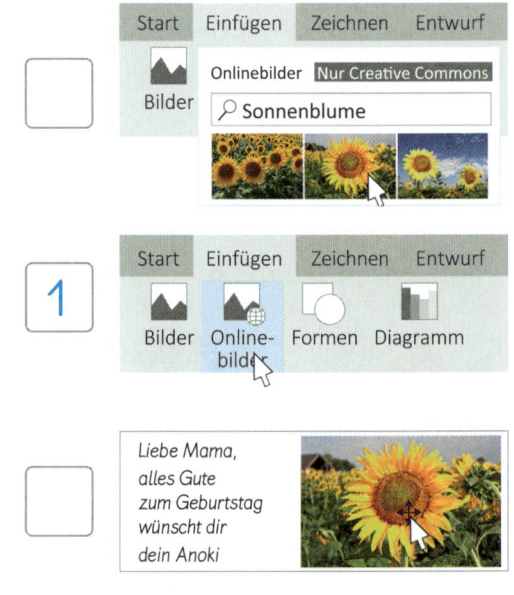

Bilder einfügen

■ Welches Bild passt jeweils gut zum Thema? Kreuze an.

| Bei einem Unwetter werden Bäume entwurzelt. | Kater Kalle wird vermisst. | Neueröffnung Freibad am Park |

Texte am Computer schreiben

 ■ Schreibe den Text mit einem Schreibprogramm ab.
Schriftart: Comic Sans, Schriftgröße: 14 Punkt.

Wo könnten wir den Zettel aufhängen, damit Hansi gefunden wird?

> Mein Wellensittich Hansi ist aus dem Fenster geflogen. Seine Federn sind grün.
> Er ist sehr zahm. Am liebsten knabbert er Äpfel.
> Bitte anrufen, wenn ihn jemand entdeckt.
> Telefon: 0179-2354987.
> Danke Emil

 ■ Füge ein passendes Bild ein.

■ Drucke deinen Text mit dem Bild aus. Klebe ihn ein.

Wenn du eine Datei behalten möchtest, kannst du sie auf dem Computer speichern.

> *Eine Arbeit, die man am Computer erstellt, nennt man Datei.*

■ Ordne den Texten die passenden Bilder zu. Nummeriere.

1. *Datei* anklicken

 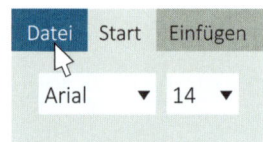

2. *Speichern unter* anklicken

3. Speicherort suchen

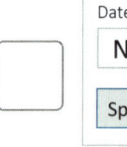 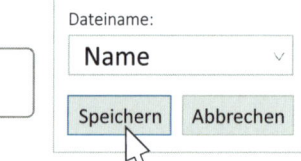 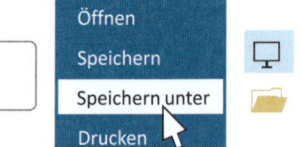

4. Dateinamen festlegen

5. *Speichern* anklicken

 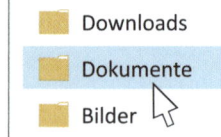 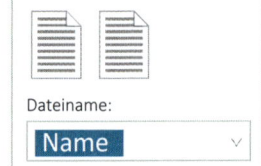

Dateien solltest du treffend benennen und in Ordner speichern.
Nur so kannst du sie auf dem Computer schnell wiederfinden.

So kannst du einen Ordner anlegen:

1. Klicke mit der rechten Maustaste auf eine freie Stelle auf dem Desktop.
2. Klicke mit dem Mauszeiger auf *NEU* und wähle *Ordner* aus.
3. Gib dem Ordner einen Namen.

■ Nummeriere die Bilder passend zum Text.

Desktop nennt man die Arbeitsfläche auf dem Monitor ohne geöffnete Anwendung.

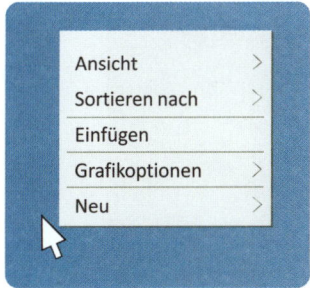

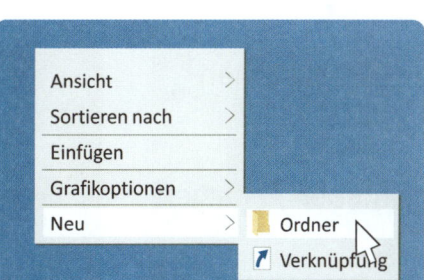

■ Schau dir diese Dateien an. Gib ihnen passende Namen.

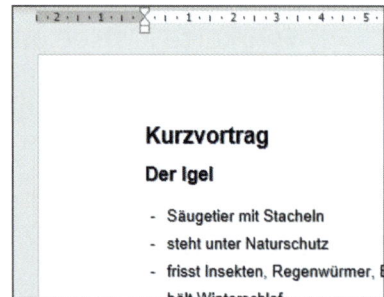

_____.pdf   _____.docx

_____.mp3   _____.jpg

Die Endung am Dateinamen verrät, was für eine Datei es ist.

docx: Textdatei
jpg: Bilder
mp3: Musik oder Hörtexte

Dateien speichern

■ Schau dir diese Dateien an. In welchen Ordner würdest du sie speichern? Verbinde.

Hörspiel_Klasse_2b.mp3

Fahrkarte_Ostsee.pdf

Vortrag_Ritter.docx

Schule

Urlaub

Rezepte

Einladung_Elternabend.pdf

Zitronenkuchen.txt

Packliste_Sommer.docx

 ■ Erstelle einen Ordner am Computer mit dem Namen „Anoki". Speichere eine Datei im Ordner.

■ Ordne die Teile des Tablets richtig zu.

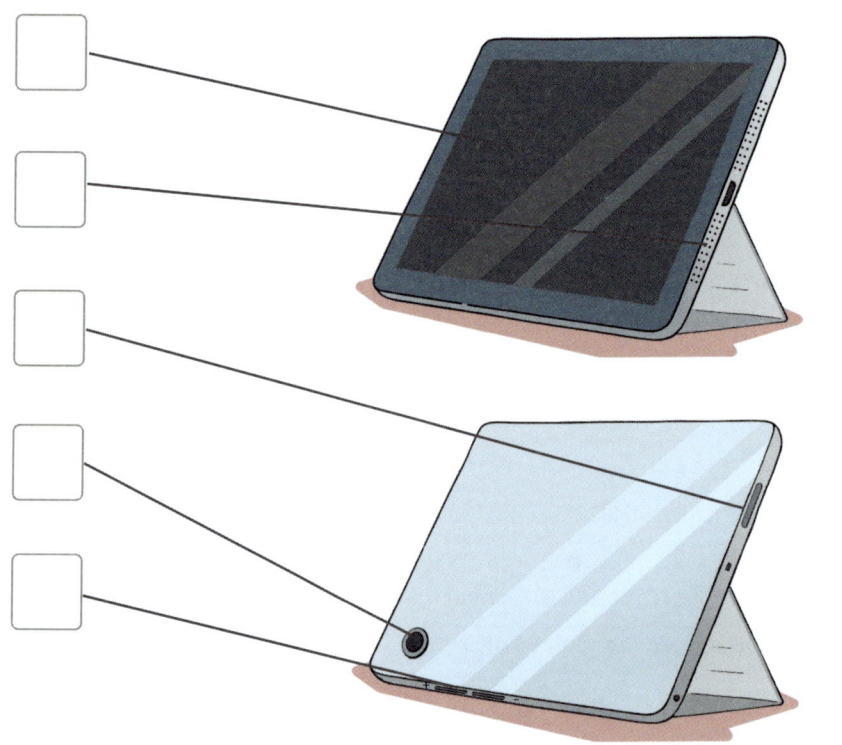

1	Bildschirm
2	Einschalttaste
3	Kamera
4	Lautsprecher
5	Lautstärketasten

■ Was kann man mit einem Tablet nicht machen?
Streiche durch.

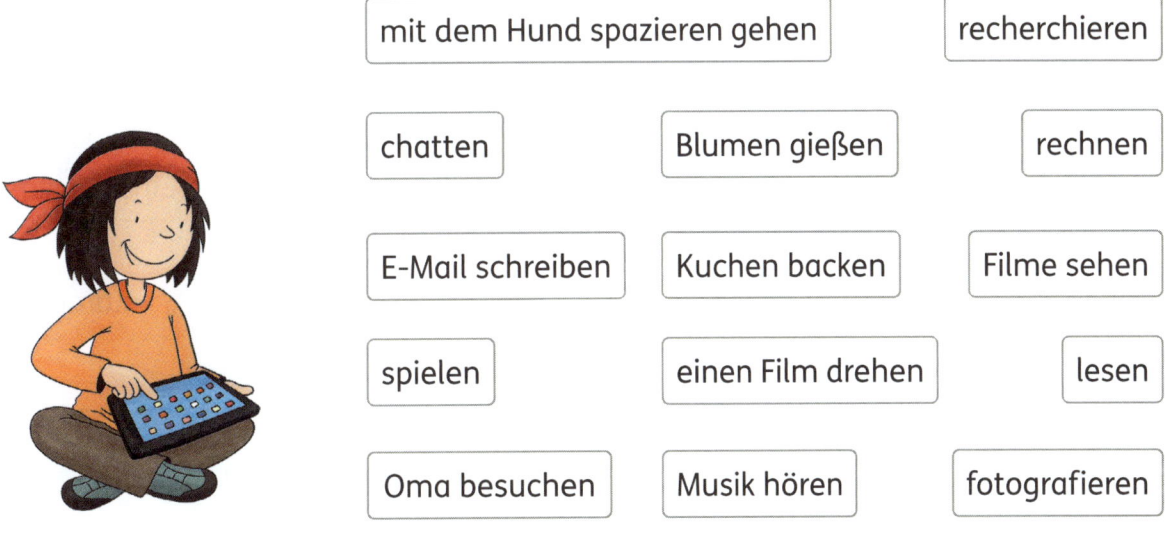

mit dem Hund spazieren gehen		recherchieren
chatten	Blumen gießen	rechnen
E-Mail schreiben	Kuchen backen	Filme sehen
spielen	einen Film drehen	lesen
Oma besuchen	Musik hören	fotografieren

■ Welche App wünschst du dir für ein Tablet? Schreibe.

27

Mit dem Smartphone kann man Textnachrichten verschicken.
Eine SMS ist kurz, deswegen werden oft emojis verwendet.
Ein emoji (sprich: *ii·moo·dschii*) ist ein Bildzeichen, mit dem man zeigen kann, was man fühlt.

SMS ist die Abkürzung für den englischen Ausdruck Short Message Service. Das heißt Kurznachrichten-Dienst.

■ Was bedeuten diese Bildzeichen? Kreuze an.

☐ Ich lache mich kaputt.

☐ Ich bin total traurig.

☐ Ich habe mir wehgetan.

☐ Ich finde das lustig.

☐ Ich bin geschockt.

☐ Ich weiß gar nicht, wie ich dir danken soll.

- Zeichne deinen Lieblingsemoji.
  Wann benutzt du ihn?
  Schreibe auf.

Das englische Wort *emoji* ist ein geschützter Begriff. Es wird deshalb klein geschrieben.

- Welche Gefühle werden hiermit ausgedrückt?

■ Welche Gemeinsamkeiten haben Smartphone und Tablet? Schreibe.

■ Welchen Unterschied gibt es zwischen Smartphone und Tablet? Schreibe.

■ Von welchem Bild stammen die Ausschnitte? Verbinde.

  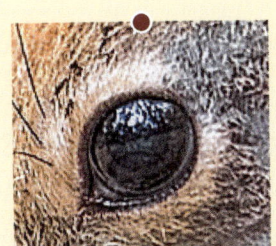 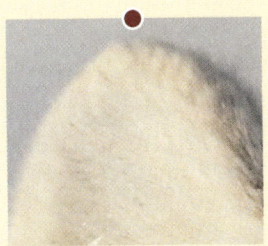

Mit manchen Medien kannst du eine Verbindung zum Internet herstellen.

Durch das Internet können sich Computer auf der ganzen Welt verbinden und Daten austauschen.

- Welche Medien haben meist einen Internetzugang? Kreise ein.

■ Was kann man im Internet machen? Schreibe zu den Bildern.

■ Was machst du noch im Internet? Schreibe.

oder **88u6wi**

Im Internet findest du viele Informationen. Suchmaschinen helfen dir dabei. Für Kinder gibt es Kinder-Suchmaschinen.

So gehst du vor, wenn du etwas zum *Igel* suchst:

■ Verbinde mit dem passenden Bild.

| Gib im Internet den Namen einer Kinder-Suchmaschine ein. |

| Gib in das Suchfeld *Igel* ein. |

| Klicke auf die Lupe. |

Das sind Kinder-Suchmaschinen.

www.fragfinn.de
www.helles-koepfchen.de
www.blinde-kuh.de.

Suchmaschinen

34

■ Welche Fragen bekommst du im Internet nicht beantwortet? Streiche durch.

Warum haben Igel Stacheln?

Wie alt werden Katzen?

Wo liegt mein Schlüssel?

Wer hat den Computer erfunden?

Wie lange hat die Schwimmhalle geöffnet?

Wann kommt meine Oma zu Besuch?

 ■ Finde auf zwei Fragen die Antworten im Internet. Nutze eine Kinder-Suchmaschine.

■ Was denkst du, wonach hier im Internet gesucht wurde? Trage das Suchwort ein.

Der Krokus ist ein Frühblüher.

Der Storch überwintert in Afrika.

Die Aufgaben der Feuer-wehr sind: löschen, bergen, retten und schützen.

✍ ■ Suche im Internet nach deinem Lieblingstier. Schreibe einen Steckbrief.

Name:

Male dein Lieblingstier:

Das Tier frisst:

Diese Frage interessiert mich zu meinem Lieblingstier:

Antwort:

Suchmaschinen

37

Wenn du im Internet sicher surfen möchtest, musst du wichtige Regeln einhalten.

*Im Internet surfen (sprich: **sörfen**) bedeutet, sich verschiedene Seiten im Internet anzusehen.*

– Frage immer einen Erwachsenen, bevor du im Internet surfst.
– Suche Informationen in speziellen Kindersuchmaschinen.
– Erstelle eine E-Mail-Adresse nur zusammen mit einem Erwachsenen.
– Frage immer einen Erwachsenen, bevor du etwas aus dem Internet herunterlädst.
– Trage keine Daten (Name, Adresse, Telefonnummer, Geburtsdatum) von dir im Internet ein.
– Triff dich nie mit Personen, die du nur aus dem Internet kennst.
– Sei fair in Chats.

Regeln im Internet

- Wer verhält sich richtig? Kreuze an.

Ich möchte so gern die neue Spiele-App auf dem Tablet haben. Ich frage gleich mal Mama.

☐

Gestern hat Tom ein peinliches Bild von Lara in den Chat geschickt. Ich habe ihn sofort gebeten das zu löschen und so etwas nicht mehr zu tun.

☐

Morgen treffe ich mich mit Herzchen 24. Ich habe sie im Chat kennengelernt. Mal sehen, wie sie aussieht.

☐

Ich will endlich eine E-Mail-Adresse. Ich richte mir nachher selbst eine ein.

☐

Gestern hat mich im Chat jemand gefragt, wo ich wohne. Ich habe es nicht verraten.

☐

Test, S. 44/45

Regeln im Internet

■ Welche Lern-App würdest du den Kindern empfehlen? Verbinde.

Vorsicht! Viele Apps kosten Geld. Frage erst einen Erwachsenen, bevor du eine App herunterlädst.

Ich möchte neue Wörter in Englisch lernen.

Ich mag Mathe.

Ich möchte lesen üben.

Mich interessieren Experimente.

■ Welche Lern-App kennst du?

Apps nutzen

- Wie heißt deine Lieblings-App? Schreibe einen Steckbrief.

Name des Spiels:

Art des Spiels: ☐ Abenteuer ☐ Geschicklichkeit ☐ Jump & Run ☐ Lernen

oder

Mir gefällt an dem Spiel:

Male zu deinem Spiel:

Apps machen Spaß. Aber es ist wichtig, sich auch mit anderen Dingen zu beschäftigen. Mit Dingen, die man auch riechen und fühlen kann oder mit anderen gemeinsam erlebt. Also „Ab" statt App!

■ Verbinde die „Abs" mit den passenden Texten.

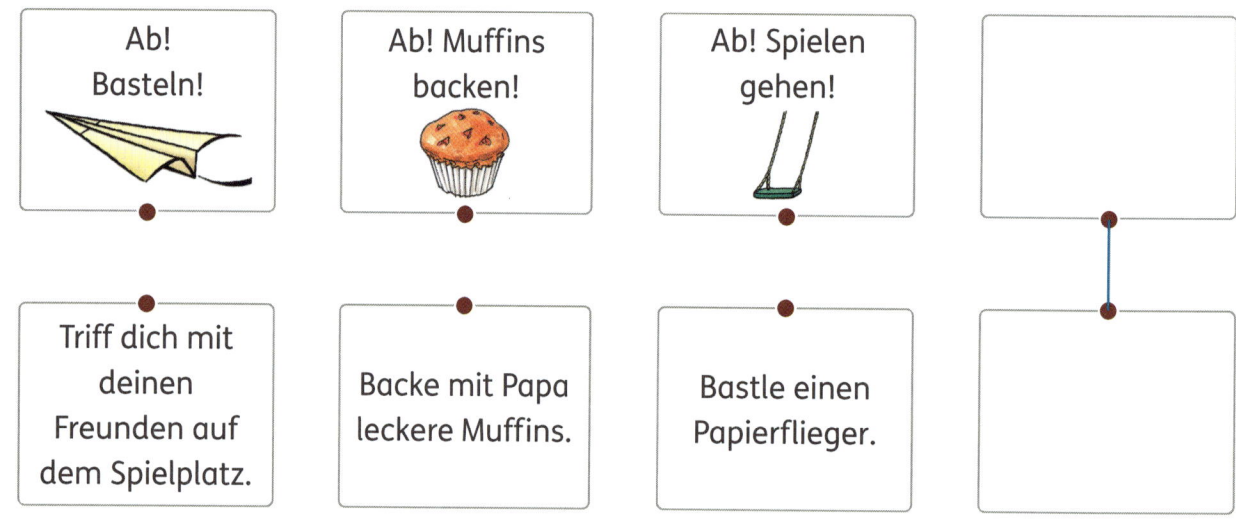

Ab! Basteln!	Ab! Muffins backen!	Ab! Spielen gehen!	
Triff dich mit deinen Freunden auf dem Spielplatz.	Backe mit Papa leckere Muffins.	Bastle einen Papierflieger.	

■ Finde ein eigenes Beispiel für „Ab" und erkläre es. Trage es in die leeren Kästchen ein.

■ Finde sieben Unterschiede. Kreise ein.

1 Wie heißen die Medien? Ordne zu: **Smartphone, Laptop, Buch, Zeitschrift.**

4

2 Wie heißen die Teile eines Tablets? Verbinde.

Bildschirm

Einschalttaste

4

Kamera

Lautsprecher

44

3　Nenne vier Geräte, die zu einem Computerarbeitsplatz gehören.

| |
| |

4

4　Welche Aussagen treffen zu? Kreuze an.

	trifft zu	trifft nicht zu
Ich finde Informationen im Internet mithilfe einer Kinder-Suchmaschine.		
Wenn ich im Internet danach gefragt werde, kann ich meinen Namen und meine Adresse eingeben.		
Apps sind Programme zum Lernen und Spielen.		

3

15

Bildschirm
(Monitor)

Rechner
(Computer)

Laptop

Drucker

Maus

Headset

Kamera
(WebCam)

Lautsprecher

Tastatur

Umschalttaste
(Shift-Taste)

Eingabetaste
(Entertaste)

Leertaste

CD/DVD

USB-Stick

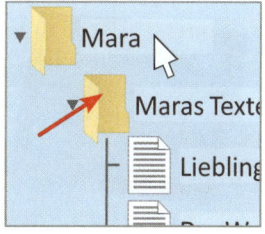

Ordner

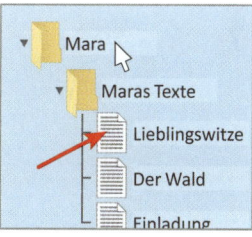

Datei

www.fragfinn.de

www.blinde-kuh.de

An: Anoki@klett.de	✕
CC:	
Betreff:	
xxx	
xxx	

Internet

Kindersuchmaschinen

E-Mail-Adresse

Smartphone (Handy)

Tablet

App

emoji